D1664800

Tatjana Beck

Handelt es sich beim Negativen Priming-Effekt um ein Gedächtnisphänomen?

Bachelor + Master
Publishing

Beck, Tatjana: Handelt es sich beim Negativen Priming-Effekt um ein Gedächtnisphänomen?, Hamburg, Diplomica Verlag GmbH 2012
Originaltitel der Abschlussarbeit: Untersuchung zur akustischen selektiven Aufmerksamkeit anhand eines Negativen Priming Paradigmas

ISBN: 978-3-86341-250-0
Druck: Bachelor + Master Publishing, ein Imprint der Diplomica® Verlag GmbH, Hamburg, 2012
Zugl. Heinrich-Heine-Universität Düsseldorf, Düsseldorf, Deutschland, Diplomarbeit, Oktober 2011

Bibliografische Information der Deutschen Nationalbibliothek:
Die Deutsche Nationalbibliothek verzeichnet diese Publikation in der Deutschen Nationalbibliografie; detaillierte bibliografische Daten sind im Internet über http://dnb.d-nb.de abrufbar.

Die digitale Ausgabe (eBook-Ausgabe) dieses Titels trägt die ISBN 978-3-86341-750-5 und kann über den Handel oder den Verlag bezogen werden.

Inhaltsverzeichnis

Zusammenfassung

Die vorliegende Untersuchung dient der Replikation und Erweiterung einer zuvor durchgeführten Studie von Buchner und Mayr (2004). Anhand einer auditiven Identifikationsaufgabe wurde die Leistung einer jungen Gruppe mit der Leistung zweier Senioren-Gruppen verglichen, um den auditiven Negativen Priming-Effekt im Altersvergleich zu untersuchen. Dabei stellte sich heraus, dass jede Altersgruppe einen signifikanten Negativen Priming-Effekt aufzeigte, wobei das Ausmaß des Effekts in beiden Senioren-Gruppen im Vergleich zur jungen Gruppe signifikant größer ausfiel. Damit konnte der Befund von Buchner und Mayr (2004) nur insofern repliziert werden, als dass der Effekt in beiden Senioren-Gruppen nicht reduziert war.

Zusätzlich wurde mithilfe des multinomialen Modells untersucht, welcher Mechanismus den auditiven Negativen Priming-Effekt bedingt. Das Ergebnis deutet darauf hin, dass episodische Abrufprozesse unabhängig vom Alter am Zustandekommen des auditiven Negativen Priming-Effekts beteiligt sind, da der spezifische Fehler in „Ignoriertes wiederholt"-Durchgängen im Vergleich zu Kontrolldurchgängen überrepräsentiert war. Dieser Effekt ist für jede Altersgruppe im selben Ausmaß eingetreten. Damit repliziert der vorliegende Befund die Vorgängerstudie von Mayr und Buchner (2006) und unterstützt das Modell des Abrufs der Prime-Reaktion im Rahmen des episodischen Abrufmodells.

1 Theoretischer Hintergrund: Der Negative Priming-Effekt

Folgendes Phänomen kennt wohl jeder Mensch aus dem Alltag: Man versucht sich z.B. während einer lauten Bahnfahrt mit allen verfügbaren Aufmerksamkeitskapazitäten darauf zu konzentrieren, dem eigenen Sitznachbarn ein guter Gesprächspartner zu sein, während man gleichzeitig auch Kapazitäten darauf verwenden muss, störende Reize, wie Lautsprecherdurchsagen oder „interessante" Gespräche anderer Fahrgäste, zu ignorieren. In einer solchen Situation ist eine selektive Aufmerksamkeitszuwendung erforderlich, um die relevante Schallquelle zu extrahieren und alle anderen irrelevanten Schallquellen zu unterdrücken. Wenn aber plötzlich der eigene Name aus der irrelevanten „Geräuschkulisse" ertönt, kommt es zu einer sofortigen Aufmerksamkeitszuwendung. Diese Erscheinung wurde in der Vergangenheit ausgiebig erforscht und als „Cocktail-Party-Effekt" bezeichnet (Cherry, 1953). In diesem Zusammenhang war es auch interessant herauszufinden, wie viel von der Information aus dem „irrelevanten Kanal" überhaupt verarbeitet wird und abrufbar ist. Die Anwendung eines so genannten Negativen Priming Paradigmas ist eine mögliche wissenschaftliche Herangehensweise zur Untersuchung dieser Fragestellung. Negative Priming Paradigmen wurden entwickelt, um den Negativen Priming-Effekt zu erforschen, der in einem experimentellen Kontext dadurch zum Ausdruck kommt, dass die Reaktionszeiten verzögert sind und die Fehlerrate steigt, wenn auf einen zuvor ignorierten Stimulus reagiert werden soll (Tipper, 1985; Fox, 1995; May et al., 1995).

Ein Negatives Priming Paradigma beinhaltet typischerweise eine variierende Anzahl an Doppel-Durchgängen. Jeder Doppel-Durchgang besteht aus einer Prime- und einer Probe-Präsentation, die kurz hintereinander dargeboten werden. In beiden Präsentationen werden zwei Reize (Zielreiz und Distraktor) simultan präsentiert, wobei die Aufgabe darin besteht, so schnell und akkurat wie möglich auf den Zielreiz zu reagieren und den Distraktor zu ignorieren. Dabei kann der Zielreiz z.B. durch die Farbe, Identität oder Position im Raum spezifiziert werden. Der Negative Priming-Effekt lässt sich in einer so genannten „Ignoriertes wiederholt"-Bedingung beobachten, in der sich ein zuvor ignorierter Prime-Distraktor als Probe-Zielreiz wiederholt. Dabei kommt es in der Regel zu verzögerten und stärker „fehlerbehafteten" Probe-Reaktionen im Vergleich zur Kontrollbedingung, in der sich die Stimuli in der Prime- und Probe-Präsentation nicht wiederholen und somit in keiner Beziehung zueinander stehen (Park & Kanwisher, 1994).

Tipper (1985) hat als erster Forscher im Rahmen seiner Distraktorinhibitionstheorie ein Erklärungsmodell für den Negativen Priming-Effekt formuliert, welches in dieser Arbeit später genauer erläutert wird. Es gelang ihm den Negativen Priming-Effekt für die visuelle Modalität nachzuweisen. In mehreren Untersuchungen präsentierte Tipper seinen Versuchsteilnehmern in Prime- und Probe-Präsentationen jeweils zwei überlagerte Linienzeichnungen. Die Farbe der Zeichnungen diente als Selektionshinweis, denn die Zielreize wurden in rot und die Distraktoren in grün abgebildet. Die Teilnehmer wurden instruiert, die Identität der Zielreize so schnell wie möglich zu benennen. Dabei zeigte sich, dass die Benennungszeiten der Probes in „Ignoriertes wiederholt"-Durchgängen im Vergleich zu Kontrolldurchgängen signifikant länger waren.

Die Entdeckung des Negativen Priming-Effekts hat viel Forschung nach sich gezogen, die sich jedoch in der überwiegenden Anzahl der Fälle auf die visuelle Modalität beschränkt. So konnten robuste, replizierbare visuelle Negative Priming-Effekte mit vielfältigem Stimulusmaterial nachgewiesen werden, wie z.B. mit Buchstaben (Fox, 1994), Wörtern (Milliken et al., 1998), geometrischen Figuren (Yee, 1991) oder Linienzeichnungen (Tipper, 1985). Der auditive Negative Priming-Effekt ist dagegen weitaus weniger gut erforscht. Banks et al. (1995) ließen in der ersten Studie zur

Untersuchung des auditiven Negativen Priming-Effekts Zielwörter beschatten, während gleichzeitig Distraktor-Wörter ignoriert werden mussten. Der Effekt kam darin zum Ausdruck, dass die vokale Aussprechzeit stieg, wenn sich der Prime-Distraktor als Probe-Zielreiz wiederholte. Dem folgten einige weitere Untersuchungen, in denen auch für die auditive Modalität robuste Negative Priming-Effekte beobachtet werden konnten (siehe z.B. Buchner & Steffens, 2001; Mondor et al., 2005). Beim Vergleich des Negativen Priming-Effekts in der visuellen und auditiven Modalität darf nicht außer Acht gelassen werden, dass sich die für die Aufmerksamkeitssteuerung verantwortlichen Mechanismen bedeutend zwischen den Modalitäten unterscheiden. Während die visuelle Aufmerksamkeit durch periphere Aufmerksamkeitsmechanismen gesteuert wird, unterliegt die auditive Aufmerksamkeitssteuerung zentralen Mechanismen. So fällt es vergleichsweise leichter, visuell statt auditiv dargebotene Stimuli zu ignorieren, weil die visuelle Aufmerksamkeit z.B. durch Augenbewegungen auf einen zu beachtenden Ort verschoben werden kann (Banks et al., 1995).

In der hier vorgestellten Arbeit geht es vorrangig um die Fragestellung, ob es einen Unterschied im Ausmaß des Negativen Priming-Effekts zwischen jungen und älteren Versuchsteilnehmern gibt. Die empirische Befundlage zu dieser Fragestellung ist äußerst inkonsistent und beschränkt sich fast ausschließlich auf die visuelle Modalität (siehe z.B. Guerreiro et al., 2010). So ist zumindest für die visuelle Modalität nach aktuellem Kenntnisstand der Forschung davon auszugehen, dass es keinen altersbedingten Unterschied im Ausmaß des Negativen Priming-Effekts gibt (Gamboz et al., 2002). Bislang weist nur eine einzige Studie von Buchner und Mayr (2004) darauf hin, dass diese Aussage auch für die auditive Modalität zutreffend ist. Aus diesem Grund besteht das Hauptziel der vorliegenden Studie darin, den Befund von Buchner und Mayr (2004) zu replizieren, indem das Ausmaß des auditiven Negativen Priming-Effekts im Vergleich zwischen einer jungen Personengruppe und zwei älteren

5

Senioren-Gruppen untersucht wird. Bevor genauer auf die Motivationsaspekte der eigenen Studie eingegangen wird (siehe 1.2), sollen verschiedene Erklärungsansätze eingeführt und in ihrer Bedeutung für die akustische Modalität bewertet werden (siehe 1.1).

1.1 Erklärungsmodelle

In den folgenden Abschnitten werden insgesamt vier Erklärungsmodelle vorgestellt, wobei die Distraktorinhibitionstheorie (Tipper, 1985) und das episodische Abrufmodell (Neill & Valdes, 1992) im Vergleich zur Merkmalsdiskrepanztheorie (Park & Kanwisher, 1994) und der Diskriminationstheorie (Milliken et al., 1998) in der empirischen Forschung weitaus stärker etabliert sind. Die Distraktorinhibitionstheorie ist das erste Modell, das von Tipper (1985) zur Beschreibung des Negativen Priming-Effekts publiziert wurde. Dieses Modell führt den Effekt auf einen Inhibitionsmechanismus zurück, der durch selektive Aufmerksamkeitsprozesse gesteuert wird. Angenommen wird, dass die simultan präsentierten Stimuli (Zielreiz und Distraktor) während der Prime-Präsentation parallel verarbeitet werden und internale Repräsentationen für beide Reize angelegt werden. Allerdings werden während der Zielreiz-Selektion beide Repräsentationen auf unterschiedlicher Weise weiterverarbeitet. Denn die Zielreiz-Repräsentation wird aktiviert und die Distraktor-Repräsentation aktiv inhibiert bzw. weniger effizient verarbeitet. Die Inhibition des Distraktors dauert bis in die Probe-Präsentation an, so dass es Zeit kostet die vorliegende Inhibition zu überwinden und eine angemessene Reaktion auf den Probe-Zielreiz auszuführen. Dieser inhibitorische Aufmerksamkeitsmechanismus ermöglicht zwar einerseits effizientere Zielreiz-Reaktionen, bedingt jedoch andererseits auch eine Reaktionszeitverzögerung, wenn in „Ignoriertes wiederholt"-Durchgängen ein zuvor ignorierter und damit inhibierter Prime-Distraktor zum Probe-Zielreiz umfunktioniert wird.

Buchner und Steffens (2001) liefern in einer Untersuchung zum auditiven Negativen Priming empirische Evidenz für die Distraktorinhibitionstheorie, da ihr Befundmuster darauf hindeutet, dass Distraktorinhibition tatsächlich eine wichtige Komponente des Negativen Priming-Effekts ist. Diese Untersuchung (Experiment 2) war wie folgt aufgebaut: In der Prime-Präsentation kündigte ein Hinweisreiz das zu beachtende Ohr an. Der dort präsentierte Zielreiz sollte als Blas- oder Streichinstrument klassifiziert werden, während der Distraktor im anderen Ohr gleichzeitig ignoriert werden musste. Anschließend wurde das Probe-Stimuluspaar präsentiert und die Teilnehmer urteilten darüber, welcher Ton früher eingetreten ist. Tatsächlich wurden beide Töne aber simultan dargeboten. Urteile über die zeitliche Anordnung von Tönen sollen die Schnelligkeit und Effizienz perzeptueller Verarbeitungsprozesse abbilden. Die Untersuchung zeigte, dass die Versuchsteilnehmer dazu tendierten, einen zuvor ignorierten Ton als später eintretend wahrzunehmen. Bei zuvor beachteten und neuen Tönen zeigten sich dagegen keine Urteilsunterschiede. Dieses Ergebnis deckt sich mit den Vorhersagen der Distraktorinhibitionstheorie, welche langsamere und stärker „fehlerbelastete" Probe-Reaktionen auf eine aktive Inhibition dieses Reizes in der Prime-Präsentation zurückführt. Da die Inhibition bis in die Probe-Präsentation andauert, wird der Probe-Zielreiz weniger effizient verarbeitet. Somit scheinen selektive Aufmerksamkeitsmechanismen unter anderem dazu zu dienen, die Verarbeitung ignorierter Stimuli zu hemmen (Tipper, 1985).

Ein großes Problem für die Distraktorinhibitionstheorie stellen Befunde dar, in denen sich die Manipulation des Preprime-Prime-Intervalls (Intervall zwischen der Prime-Präsentation und der davor liegenden Stimuluspräsentation) auf den Negativen Priming-Effekt auswirkt. Denn das Modell kann nicht erklären, warum das Preprime-Prime-Intervall überhaupt eine Rolle für das Ausmaß des Effekts spielen soll (Neill & Valdes, 1992; Mayr & Buchner, 2006).

Diese Befunde bekräftigen jedoch das episodische Abrufmodell, das ursprünglich auf Logans (1988) Instanztheorie der Automatisierung beruht: Während der Präsentation eines Objekts wird eine Gedächtnisspur angelegt, die Informationen über das Objekt enthält (z.B. Informationen über die Farbe, Position, Reaktion auf das Objekt). Wenn das Objekt erneut präsentiert wird, wird die entsprechende Gedächtnisrepräsentation abgerufen, so dass das Objekt nicht mehr vollständig verarbeitet werden muss und eine schnelle, automatisierte Reaktion erfolgen kann. Je häufiger das Objekt präsentiert wird, desto mehr Gedächtnisepisoden werden angelegt und desto wahrscheinlicher wird es, dass eine dieser Episoden in der Probe-Präsentation abgerufen wird. Logans Überlegungen wurden von Neill und Valdes (1992) aufgegriffen und zum episodischen Abrufmodell erweitert. Das Modell nimmt für die „Ignoriertes wiederholt"-Bedingung folgenden Mechanismus an: In der Prime-Präsentation werden während der simultanen Darbietung eines Zielreizes und Distraktors Gedächtnisrepräsentationen für beide Stimuli angelegt. Die Gedächtnisrepräsentation des Distraktors enthält unter anderem die Information, dass auf diesen Reiz nicht reagiert werden soll. Wenn der zuvor ignorierte Prime-Distraktor in der Probe-Präsentation als Zielreiz wiederholt wird, dann dient dieser Stimulus als Hinweisreiz für den Abruf der vorherigen Prime-Episode. Dabei wird das „Reagiere Nicht"-Attribut, das mit dem Prime-Distraktor assoziiert ist, aus der Prime-Episode abgerufen und interferiert mit der erforderlichen Reaktion auf den Probe-Zielreiz. Die Konfliktlösung kostet Zeit und kommt in Form von verzögerten Reaktionszeiten zum Ausdruck. Diese Reaktionszeitverzögerung sollte sich in Kontrolldurchgängen nicht zeigen, da sich die Stimuli in der Prime- und Probe-Präsentation nicht wiederholen, so dass konkurrierende Informationen nicht interferieren können.

Mayr und Buchner (2006) untersuchten die zeitliche Persistenz des auditiven Negativen Primings und liefern Evidenz für das episodische Abrufmodell. In zwei Untersuchungen (Experiment 1A und 1B) wurden die Intervalle zwischen Preprime-Reaktion und Prime-Präsentation (Preprime-RSI) und die Intervalle zwischen Prime-Reaktion und Probe-Präsentation (RSI) randomisiert innerhalb der Versuchsteilnehmer manipuliert. Das episodische Abrufmodell sagt bei langem Preprime-RSI und kurzem RSI einen größeren Negativen Priming-Effekt vorher, da die zeitliche Nähe zwischen Prime- und Probe-Präsentation größer ist und somit die Wahrscheinlichkeit steigt, die Prime-Episode erfolgreich zu erinnern und sie nicht mit der Preprime-Episode zu verwechseln. Denn dies stellt die Voraussetzung für den Negativen Priming-Effekt dar. Bei einem kurzen Preprime-RSI und einem langen RSI wird dagegen ein kleinerer Negativer Priming-Effekt prognostiziert, da unter dieser Bedingung die Verwechslungswahrscheinlichkeit zwischen Preprime und Prime größer ist, was gleichzeitig die Wahrscheinlichkeit reduziert, die vorangegangene Prime-Reaktion in der Probe-Präsentation abzurufen (Neill & Valdes, 1992). Dieses erwartete Befundmuster trat in Experiment 1A ein. Dabei bestand die Aufgabe darin, bei jeder Präsentationsform (Preprime, Prime und Probe) den Zielreiz im beachteten Ohr als Streich- oder Blasinstrument zu klassifizieren und den simultan präsentierten Distraktor im unbeachteten Ohr zu ignorieren. In Abbildung 1 wird die Manipulation des Preprime-RSIs und des RSIs für beide Versuchsbedingungen veranschaulicht.

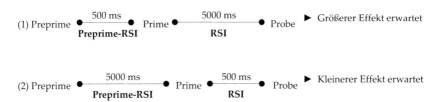

Abbildung 1: **Dargestellt ist das Preprime-RSI und RSI für beide Versuchsbedingungen: (1) vs. (2) in Experiment 1A.**

In Experiment 1B waren die zeitlichen Abstände zwischen Preprime, Prime und Probe identisch und betrugen jeweils 500 ms (Bedingung 1) vs. 5000 ms (Bedingung 2). Gemäß dem episodischen Abrufmodell wurde erwartet, keinen Unterschied im Ausmaß des Negativen Priming-Effekts zu finden, da aufgrund derselben zeitlichen

Abstände, die Verwechslungswahrscheinlichkeit zwischen Preprime und Prime sowie zwischen Prime und Probe gleich groß war, was genauso eingetreten ist. Somit deutet dieses Ergebnis darauf hin, dass das Verhältnis zwischen Preprime-RSI und RSI das Ausmaß des Negativen Priming-Effekts determiniert bzw. dass der Effekt von der zeitlichen Diskriminierbarkeit der Prime-Episode abhängig ist. Damit konnte der Befund von Neill und Valdes (1992) aus der visuellen Modalität in der akustischen Modalität repliziert werden, was darauf hindeutet, dass episodische Abrufprozesse auch am Zustandekommen des auditiven Negativen Priming-Effekts beteiligt sind.

Dem episodischen Abrufmodell zu Folge basiert der Negative Priming-Effekt auf einem antwortbasierten Mechanismus. Perzeptuelle Urteile, wie beispielsweise Urteile über die zeitliche Anordnung auditiver Signale, sollen keinen Einfluss auf den Effekt ausüben (Neill & Valdes, 1992). Somit sagt der Ansatz auch nicht vorher, dass eine langsamere oder weniger effiziente Signalverarbeitung für zuvor ignorierte Stimuli eintritt oder, dass Versuchsteilnehmer die Tendenz entwickeln, zuvor ignorierte Stimuli als später eintretend wahrzunehmen. Jedoch konnten Buchner und Steffens (2001) genau dies in ihrer Untersuchung (Experiment 2) aufzeigen, so dass dieser Befund nicht mit dem episodischen Abrufmodell vereinbar ist.

Im Rahmen des episodischen Abrufmodells existiert neben dem ursprünglichen Erklärungsansatz (Abruf des „Reagiere Nicht"-Attributs) auch eine alternative Erklärungsvariante, die von Mayr und Buchner (2006) publiziert wurde (eine inhaltlich äquivalente Idee verfolgten auch Rothermund et al., 2005). Dabei wird ebenfalls angenommen, dass der Probe-Zielreiz einen Hinweisreiz für den Abruf der Prime-Episode darstellt. Im Vergleich zum ursprünglichen Erklärungsansatz ist die alternative Version umfassender, da diese vorhersagt, dass prinzipiell sämtliche Verarbeitungsprozesse aus der Prime-Episode während der Probe-Präsentation abgerufen werden und die Probe-Reaktion beeinträchtigen können. Neben dem Abruf des

„Reagiere Nicht"-Attributs, ist auch ein Abruf der vorherigen Prime-Reaktion als Auslöser für den Negativen Priming-Effekt denkbar. Vorrangig wird jedoch angenommen, dass der Abruf der vorherigen Prime-Reaktion am wahrscheinlichsten ist. Beide Erklärungsansätze schließen sich damit nicht gegenseitig aus, denn möglich ist, dass sowohl das „Reagiere Nicht"-Attribut, als auch die Prime-Reaktion abgerufen werden, wenn sich der Prime-Distraktor als Probe-Zielreiz wiederholt. Um diese beiden Erklärungsansätze gegeneinander zu testen, haben Mayr und Buchner (2006) in zwei Untersuchungen (Experiment 2 und 3) für die auditive und visuelle Modalität eine multinomiale Modellierung des spezifischen Fehlers durchgeführt. Von einem spezifischen Fehler spricht man dann, wenn auf den Probe-Zielreiz mit der vorangegangenen Prime-Antwort reagiert wird. Mithilfe des multinomialen Modells nach Mayr und Buchner (2006) lässt sich bestimmen, mit welcher Wahrscheinlichkeit verschiedene Verarbeitungsstufen bei der Generierung der Probe-Antwort involviert sind. Das Modell beinhaltet verschiedene Parameter, die Abrufprozesse repräsentieren und denen Wahrscheinlichkeitsangaben zugeordnet sind. Das Modell und die entsprechenden Parameter werden im Ergebnisteil näher erläutert. Beide Erklärungsansätze machen bzgl. des Parameters p_{ra}, der den spezifischen Fehler repräsentiert, unterschiedliche Vorhersagen. Somit eignet sich die Untersuchung dieses Parameters, um beide Ansätze voneinander abzugrenzen. Der ursprüngliche Erklärungsansatz (Abruf des „Reagiere Nicht"-Attributs) sagt vorher, dass die Wahrscheinlichkeit den spezifischen Fehler auszuführen und damit mit der ehemaligen Prime-Antwort auf den Probe-Zielreiz zu reagieren in „Ignoriertes wiederholt"-Durchgängen genauso groß ist wie in Kontrolldurchgängen: $p_{ra(Iw)} = p_{ra(K)}$. Man erwartet also keinen Anstieg des spezifischen Fehlers in „Ignoriertes wiederholt"-Durchgängen, sondern vielmehr einen Reaktionszeitanstieg in Kombination mit einer unspezifisch erhöhten Fehlerrate (Neill & Valdes, 1992). Der alternative Erklärungsansatz (Prime-Reaktionsabruf) prognostiziert dagegen, dass die Wahrscheinlichkeit für den spezifischen Fehler in „Ignoriertes wiederholt"-Durchgängen größer ist: $pra_{(Iw)} > pra_{(K)}$ (Mayr & Buchner, 2006).

Das experimentelle Design von Mayr und Buchner (2006) sah in beiden Untersuchungen wie folgt aus: Jeder experimentelle Durchgang beinhaltete eine Prime- und eine Probe-Präsentation. In jeder Präsentation wurden zwei von vier Umweltgeräuschen (Frosch, Klavier, Trommel, Klingel) als Zielreiz und Distraktor simultan präsentiert, wobei so schnell und akkurat wie möglich auf den Zielreiz reagiert werden sollte. Die Datenauswertung ergab einen signifikanten auditiven Negativen Priming-Effekt bezogen auf die Reaktionszeiten und Probe-Fehlerhäufigkeiten. Zusätzlich ergab die multinomiale Modellierung des spezifischen Fehlers, dass die Wahrscheinlichkeit den spezifischen Fehler in Reaktion auf den Probe-Zielreiz auszuführen in „Ignoriertes wiederholt"-Durchgängen im Vergleich zu Kontrolldurchgängen signifikant überrepräsentiert war. Denn unter der Restriktion, dass $pra_{(Iw)} = pra_{(K)}$ ist, ergaben Anpassungs-Tests eine signifikante „Nicht Passung" der beobachteten Daten, so dass das Modell abgelehnt werden musste. Dies widerspricht dem ursprünglichen Erklärungsansatz von Neill und Valdes (1992) und bekräftigt die alternative Version.

Im Folgenden soll auf die verbleibenden zwei Erklärungsmodelle (Merkmalsdiskrepanzmodell und Diskriminationsmodell) Bezug genommen werden, die im Vergleich zu den eben vorgestellten Modellen empirisch weniger fundiert sind. Das Merkmalsdiskrepanzmodell von Park und Kanwisher (1994) führt den Negativen Priming-Effekt auf konkurrierende Symbolmerkmale zurück, die in der Prime- und Probe-Präsentation nicht übereinstimmen. Der Effekt lässt sich gemäß dem Modell dann beobachten, wenn ein „Positionsidentitätskonflikt" zwischen dem Prime-Distraktor und dem Probe-Zielreiz eintritt, was dann der Fall ist, wenn der Probe-Zielreiz an derselben Position erscheint wie zuvor der Prime-Distraktor, aber eine andere Identität aufweist. Das bedeutet, dass der Negative Priming-Effekt nicht aufgrund des Ignorierens des Prime-Distraktors bzw. der Prime-Distraktor-Lokation zustande kommt, sondern aufgrund der Tatsache, dass sich Probe-Zielreiz und Prime-Distraktor unterscheiden. Empirische Evidenz für das Merkmalsdiskrepanz-modell lieferten Park und Kanwisher (1994, Experiment 4) selbst. Sie verwendeten dabei eine Lokalisationsaufgabe, in der in einer Prime- und einer Probe-Präsentation an zwei von vier möglichen Positionen ein Zielreiz und ein Distraktor simultan präsentiert wurden. Die Aufgabe bestand darin, so schnell wie möglich auf die Position des Zielreizes („o") per Tastendruck zu reagieren und den Distraktor („x"), der eine andere Identität aufwies, zu ignorieren. Der Negative Priming-Effekt kam darin zum Ausdruck, dass die Probe-Reaktionszeiten verlangsamt waren, wenn der Probe-Zielreiz („o") in „Ignoriertes wiederholt"-Durchgängen an derselben Position erschien wie der Prime-Distraktor („x"). Damit deckt sich dieses Befundmuster mit den Vorhersagen des Merkmalsdiskrepanzmodells.

Problematisch für das Modell sind jedoch Studien zur Untersuchung des auditiven Negativen Priming-Effekts, die zeigen, dass der Effekt auch ohne die Erzeugung von Merkmalsdiskrepanz bestehen bleibt, was darauf hindeutet, dass Merkmalsdiskre-panz keine Determinante des Negativen Priming-Effekts ist (Banks et al., 1995; Buchner & Steffens, 2001; Mondor et al., 2005). So verwendeten beispielsweise Buchner und Mayr (2004, Experiment 1) eine auditive Kategorisierungsaufgabe, in der innerhalb eines jeden Durchgangstyps, die beachteten Primes und Probes in der Hälfte der Durchgänge im selben Ohr (keine Orts-Identitäts-Diskrepanz) und in der anderen Hälfte in verschiedenen Ohren (Orts-Identitäts-Diskrepanz) dargeboten wurden. An dieser Stelle würde das Merkmalsdiskrepanzmodell einen größeren Negativen Priming-Effekt für die Bedingung vorhersagen, in der eine Orts-Identitäts-Diskrepanz erzeugt wurde. Stattdessen ergab die Datenauswertung, dass die Orts-Identitäts-Diskrepanz keinen Einfluss auf das Ausmaß des Negativen Priming-Effekts ausübt. Die Annahmen des Merkmalsdiskrepanzmodells spielen allerdings für die vorliegende Untersuchung keine Rolle, da der Prime-Distraktor und der Probe-Zielreiz immer auf derselben Seite präsentiert wurden, so dass es in „Ignoriertes wiederholt"-Durchgängen, in denen diese beiden Stimuli identisch waren, zu keiner Orts-Identitäts-Diskrepanz kommen konnte. Somit kann Merkmalsdiskrepanz auch nicht herangezogen werden, um einen möglichen Negativen Priming-Effekt zu erklären.

Das Diskriminationsmodell von Milliken et al. (1998) ist der letzte Erklärungsansatz, der im Rahmen dieser Arbeit vorgestellt werden soll. Das Modell macht für verschiedene Versuchsbedingungen explizite Vorhersagen. So wird für „Ignoriertes wiederholt"-Durchgänge folgender Mechanismus angenommen: Wenn der Probe-Zielreiz dargeboten wird, erscheint dieser vertraut, da er eine unbeachtete Komponente der Prime-Episode ist. Jedoch ist dieser Reiz nicht vertraut genug, um sofort als „alt" identifiziert zu werden, weil der Prime-Distraktor nur unzureichend beachtet und verarbeitet wurde. Daraus entwickelt sich eine Ambiguität im Hinblick auf die Kategorisierung des Reizes als „alt" oder „neu", so dass die gesamte Reizverarbeitung verlangsamt abläuft. Dies ist dem Modell zu Folge der Grund dafür, weshalb sich der Negative Priming-Effekt in Form von verzögerten Reaktionszeiten in „Ignoriertes wiederholt"-Durchgängen einstellt. Für „Beachtetes wiederholt"-Durchgänge, in denen die Zielreize in der Prime- und Probe-Präsentation identisch sind, erwartet das Modell hingegen schnelle Reaktionszeiten, da der Probe-Zielreiz in dieser Bedingung sofort als „alt" klassifiziert wird, so dass die Reaktion durch automatische, gedächtnisbasierte Prozesse schneller abgerufen und ausgeführt werden kann. Im Vergleich dazu sagt das Modell für Kontrolldurchgänge vorher, dass der Probe-Zielreiz augenblicklich als „neu" identifiziert wird. Der Abruf der vorherigen Prime-Episode kann die Reaktion nicht erleichtern. Stattdessen muss der Probe-Zielreiz vollständig perzeptuell analysiert werden, wobei algorithmische Prozessmechanismen helfen, eine angemessene Reaktion zu generieren. Allerdings erstreckt sich dieser Prozess über eine längere Zeitspanne, so dass in dieser Bedingung verzögerte Reaktionszeiten im Vergleich zur „Beachtetes wiederholt"-Bedingung erwartet werden. Das Diskriminationsmodell unterscheidet somit zwischen zwei Prozessen, die an der Generierung der Probe-Antwort beteiligt sind. Wenn der Probe-Zielreiz sofort als „alt" klassifiziert werden kann oder vertraut erscheint, dann helfen automatische, gedächtnisbasierte Prozesse eine angemessene Reaktion auszuführen. Wenn der Stimulus allerdings als „neu" identifiziert wird, dann treten algorithmische Prozessmechanismen in Kraft und der Stimulus muss einer vollständigen perzeptuellen Analyse unterzogen werden.

Milliken et al. (1998) führten eine Reihe von Experimenten durch, in denen neue experimentelle Designs verwendet wurden, um den Negativen Priming-Effekt zu untersuchen. So wurde in einer Studie (Experiment 2) in jeder Prime-Präsentation ein bestimmtes Wort, auf das nicht reagiert werden sollte, für insgesamt 33 ms subliminal auf einem Computerbildschirm eingeblendet und vor und nach seiner Darbietung mustermaskiert. Anschließend wurden in der Probe-Präsentation zwei Wörter simultan dargeboten, wobei das Zielwort benannt und das Distraktor-Wort ignoriert werden sollte. Dabei stellte sich heraus, dass die Probe-Reaktionen im Vergleich zu Kontrolldurchgängen verlangsamt waren, wenn der Probe-Zielreiz in „Ignoriertes wiederholt"-Durchgängen dem subliminal präsentierten Prime-Wort entsprach. Die Tatsache, dass sich ein signifikanter Negativer Priming-Effekt eingestellt hat, deutet darauf hin, dass sich das subliminal präsentierte Prime-Wort nachteilig auf die Reizverarbeitung in der Probe-Präsentation ausgewirkt hat. Laut Milliken et al. (1998) scheint also die geringfügige, ansatzweise Verarbeitung eines Reizes (sei es, weil er in der Prime-Präsentation ein Distraktor war, sei es, weil er subliminal präsentiert wurde) entscheidend dafür zu sein, ob eine Reaktionszeitverzögerung in der Probe-Präsentation auftritt. Dies stellt einen Widerspruch zur Distraktorinhibitionstheorie (Tipper, 1985) und zum episodischen Abrufmodell (Neill & Valdes, 1992) dar, da beide annehmen, dass die Selektion zugunsten des Prime-Zielreizes, gegen den Prime-Distraktor, entscheidend für das Auftreten von Negativem Priming ist. Die empirische Evidenz für die Gültigkeit des Diskriminationsmodells ist jedoch verhältnismäßig schwach, wobei bislang keine einzige Studie zum auditiven Negativen Priming publiziert wurde, die Bezug auf das Diskriminationsmodell nimmt.

Insgesamt sind sowohl die Distraktorinhibitionstheorie (Tipper, 1985) als auch das episodische Abrufmodell (Neill & Valdes, 1992) empirisch gut belegt, wobei sich beide Annahmen grundlegend unterscheiden. Die Distraktorinhibitionstheorie macht einen „vorwärtsgerichteten" Prozess (Enkodierung) für den Negativen Priming-Effekt verantwortlich, während das episodische Abrufmodell den Effekt auf einen „rückwärtsgerichteten" Prozess (Gedächtnisabruf) zurückführt. Im Hinblick auf den auditiven Negativen Priming-Effekt existieren für beide Erklärungsansätze Befunde, die für oder gegen die Modellannahmen sprechen. So liefern beispielsweise Buchner und Steffens (2001, Experiment 2) überzeugende empirische Evidenz dafür, dass ein Inhibitionsmechanismus den auditiven Negativen Priming-Effekt bedingt, während der Befund von Mayr und Buchner (2006, Experiment 2 & 3) eher dafür spricht, dass episodische Abrufprozesse am Zustandekommen des Effekts beteiligt sind. Somit bleibt weiterhin unklar, welchem Mechanismus der auditive Negative Priming-Effekt tatsächlich zugrunde liegt. Denkbar ist auch, dass sowohl Inhibitionsprozesse als auch Gedächtnisprozesse für den Effekt verantwortlich sind (May et al., 1995; Kane et al., 1997). Nach aktuellem Kenntnisstand der Forschung wird die Annahme, dass der Negative Priming-Effekt Inhibition misst, stark angezweifelt. Stattdessen tendiert die Forschung aktuell dazu, den Effekt auf episodische Abrufprozesse zurückzuführen (Gamboz et al., 2002; Guerreiro et al., 2010).

Das Merkmalsdiskrepanzmodell (Park & Kanwisher, 1994) ist bisher lediglich als ergänzendes Erklärungskonzept für die Entstehung des Negativen Priming-Effekts in Lokalisationsaufgaben anzusehen. Denn das Modell hat über Lokalisationsaufgaben hinaus keinen Erklärungswert. In Bezug auf auditives Negatives Priming weisen vergangene Befunde (siehe z.b. Buchner & Steffens, 2001; Buchner & Mayr, 2004) darauf hin, dass Merkmalsdiskrepanz keine Rolle spielt. Im Hinblick auf das Diskriminationsmodell (Milliken et al. 1998) können zum derzeitigen Zeitpunkt keine zuverlässigen Aussagen getroffen werden, da die Befundlage zur Gültigkeit der Modellannahmen sehr durchwachsen ist (siehe z.b. Buchner & Steffens, 2001; Healy & Burt, 2003), so dass das Modell weiterer empirischer Prüfung bedarf.

In den folgenden Abschnitten soll vornehmlich Bezug auf eine gängige Theorie zur Erklärung kognitiver Leistungsbeeinträchtigungen im Alter genommen werden. Dazu werden exemplarisch zwei Befunde vorgestellt, die mit den Modellannahmen vereinbar sind. Anschließend wird der Forschungsverlauf zum Negativen Priming-Effekt im Altersvergleich diskutiert.

1.2 Kognitive Leistungsfähigkeit und Negatives Priming bei älteren Versuchsteilnehmern

Die Forschung beschäftigt sich schon lange mit der Fragestellung, in wie weit sich die kognitive Leistungsfähigkeit mit zunehmendem Lebensalter verändert. In diesem Zusammenhang wurden in der Vergangenheit verschiedene Theorien entwickelt, um altersbedingte kognitive Leistungsbeeinträchtigungen zu erklären. Dazu gehört auch die Verarbeitungsgeschwindigkeitstheorie von Salthouse (1996), in der eine altersbedingte Verlangsamung in der Verarbeitungsgeschwindigkeit prognostiziert wird, was darin zum Ausdruck kommen soll, dass Ältere länger brauchen, um mentale Operationen durchzuführen. Eine andere empirisch gut fundierte Theorie ist die Inhibitionsdefizit-Theorie des kognitiven Alterns von Hasher und Zacks (1988), in der eine mit dem Alter zunehmende selektive Beeinträchtigung inhibitorischer Kontrollmechanismen unterstellt wird. Diese inhibitorischen Kontrollmechanismen sind jedoch essentiell für eine effiziente Informationsverarbeitung, da sie folgende

17

Funktionen erfüllen: Verhinderung eines uneingeschränkten Eintritts von irrelevanten Informationen ins Arbeitsgedächtnis (Eintritts-Kontrolle), Löschung irrelevanter Informationen aus dem Arbeitsgedächtnis (Löschungs-Kontrolle) und Hemmung von unangemessenen Reaktionen (Hemmungs-Kontrolle). Wenn die Funktionstüchtigkeit inhibitorischer Kontrollmechanismen im höheren Lebensalter tatsächlich nachlässt, dann sollte sich diese funktionale Abnahme auf drei Arten äußern: reduzierte Fähigkeit (a) konkurrierende Distraktor-Information zu ignorieren, (b) Informationen, die nicht länger aufgabenrelevant sind, zu löschen und (c) unangemessene Reaktionen zurückzuhalten. Dadurch wird es im höheren Lebensalter wahrscheinlicher, dass irrelevante Informationen ins Arbeitsgedächtnis eindringen und mit der Verarbeitung von relevanten Informationen interferieren, was sich in einer beeinträchtigten kognitiven Performanz widerspiegelt. Dieses Inhibitionsdefizit betrifft verschiedene kognitive Funktionen, einschließlich Sprache, Gedächtnis und Aufmerksamkeit (Hasher et al., 1999).

Um die Gültigkeit der Inhibitionsdefizit-Theorie des kognitiven Alterns (Hasher & Zacks, 1988) zu prüfen, wurden in der Vergangenheit zahlreiche Studien durchgeführt, die das Hauptaugenmerk auf die Fragestellung richteten, ob altersbedingte Unterschiede in der Anfälligkeit für Interferenz durch Distraktoren bestehen (siehe z.B. Bell et al., 2008). In einer aktuellen Überblicksarbeit von Guerreiro et al. (2010) wird herausgestellt, dass ältere Erwachsene tatsächlich anfälliger für Distraktoren sind, was in unimodalen, visuellen Aufgaben im Vergleich zu unimodalen, auditiven Aufgaben deutlich stärker zum Ausdruck kommt. Jedoch geht das Befundmuster in eine andere Richtung, wenn die Leistungsfähigkeit von jungen und älteren Erwachsenen in crossmodalen Paradigmen verglichen wird. Hier zeigt sich nämlich, dass selektive Aufmerksamkeitsmechanismen auch im höheren Lebensalter weitestgehend unbeeinträchtigt sind, wenn auditive Distraktoren in einer crossmodalen Aufgabe dargeboten werden. Guerreiro et al. (2010) schlussfolgerten daraus, dass die

Inhibitionsdefizit-Theorie des kognitiven Alterns unter Einbezug der sensorischen Modalität genauer spezifiziert werden sollte. Denn die sensorische Modalität scheint eine bisher vernachlässigte, aber wichtige Determinante für altersbedingte Unterschiede im Hinblick auf selektive Aufmerksamkeitsmechanismen zu sein. Dies könnte damit zusammenhängen, dass auditiv und visuell wahrgenommene Stimuli verschiedenen Filtermechanismen unterliegen. So können auditiv präsentierte Distraktoren auf zentraler und peripherer kognitiver Ebene inhibiert werden, während visuell dargebotene Distraktoren von zentralen Verarbeitungsmechanismen, die anfälliger für altersbedingte Beeinträchtigungen sind, unterdrückt werden (Guerreiro et al., 2010). Dies stellt allerdings einen gewissen Widerspruch zur gängigen Annahme dar, dass die Selektion in der visuellen Modalität stärker periphere Mechanismen nutzen kann, was für die auditive Modalität nicht zutrifft (Banks et al., 1995). Zusammenfassend kann deshalb festgehalten werden, dass der Artikel von Guerreiro et al. (2010) zwar zeigt, dass die Modalität eine wichtige Variable für den Negativen Priming-Effekt darstellt, Schlussfolgerungen über Modalitätsgrenzen hinweg können jedoch nicht gezogen werden.

In den vergangenen Jahren wurden verschiedene Studien publiziert, die mit den Annahmen der Inhibitionsdefizit-Theorie vereinbar waren. So deuten beispielsweise die Befunde von Bell et al. (2008) und Mund et al. (2010) darauf hin, dass ältere Erwachsene tatsächlich inhibitorische Defizite aufweisen. Bell et al. (2008) haben in drei Untersuchungen zum Effekt irrelevanter Sprache einer jüngeren und älteren Personengruppe kurze Prosa-Texte (Experiment 1 und 3) oder Listen mit semantisch assoziierten Wörtern (Experiment 2) zum Memorieren visuell dargeboten, während gleichzeitig auditiv präsentierte Distraktor-Sprache ignoriert werden sollte. Dabei handelte es sich um eine freie Reproduktionsaufgabe, bei der am Ende einer jeden Präsentation, so viel wie möglich vom relevanten Stimulusmaterial wiedergegeben werden sollte. In allen drei Untersuchungen haben ältere Versuchsteilnehmer mehr

Intrusionen produziert, die mit irrelevanter Sprache semantisch assoziiert waren. Dieses Befundmuster ist mit der Inhibitionsdefizit-Theorie des kognitiven Alterns konsistent, welche annimmt, dass durch die Beeinträchtigung inhibitorischer Kontrollmechanismen, irrelevante Informationen ins Arbeitsgedächtnis eindringen, Aufmerksamkeit auf sich ziehen und im Arbeitsgedächtnis aktiviert bleiben (Hasher & Zacks, 1988).

Mund et al. (2010) haben jüngeren und älteren Erwachsenen in insgesamt zwei Untersuchungen *kursiv* geschriebene Texte vorgelegt, die laut vorgelesen werden sollten, während gleichzeitig zu ignorierende Distraktor-Wörter ebenfalls *kursiv* oder in gerader Ausrichtung in die Texte „eingestreut" waren. Die Gedächtnisleistung wurde anschließend anhand eines Rekognitions-Tests überprüft. Entweder wurde die visuelle Sehschärfe in der jungen Altersgruppe experimentell reduziert (Experiment 1) oder für beide Altersgruppen auf dasselbe Niveau angepasst (Experiment 2). In Experiment 1 stellte sich heraus, dass ältere Erwachsene anfälliger für Interferenz waren, was darin zum Ausdruck kam, dass die Lesezeit in Anwesenheit von Distraktoren signifikant stärker anstieg im Vergleich zu jungen Erwachsenen, deren Sehschärfe experimentell reduziert wurde. Dies zeigt, dass altersbedingte Defizite nicht vollständig durch die Reduktion der Sehschärfe simuliert werden können. Hinzu kommt, dass Altersunterschiede selbst dann persistierten, als die Sehschärfe für beide Altersgruppen auf dasselbe Niveau angepasst wurde (Experiment 2). Beide Untersuchungen deuten somit darauf hin, dass der altersbedingte Anstieg in der Anfälligkeit für Interferenz nicht alleine durch perzeptuelle Beeinträchtigungen erklärt werden kann, sondern vielmehr durch kognitive Defizite auf höheren Verarbeitungsebenen. So erscheinen altersbedingte Defizite im Hinblick auf inhibitorische Aufmerksamkeitsmechanismen plausibel, die dem frontalen Cortex zugeschrieben werden. Denn die Forschung belegt, dass die Funktionstüchtigkeit frontaler Hirnareale mit zunehmendem Alter nachlässt (West, 1996).

Ursprünglich wurde das Zustandekommen des Negativen Priming-Effekts auf einen Inhibitionsmechanismus zurückgeführt. Denn mit der Entdeckung des Effekts wurde zunächst die Annahme vertreten, einen leicht anwendbaren Indikator für Inhibition gefunden zu haben (Tipper, 1985). Die daraus resultierende logische Vorhersage war, dass bei Personen, die ein Inhibitionsdefizit aufweisen, ein reduzierter Negativer Priming-Effekt beobachtbar ist. Da älteren Erwachsenen Inhibitionsdefizite unterstellt werden, wurden in den vergangenen Jahren viele Studien durchgeführt, in denen das Ausmaß des Effekts zwischen jungen und älteren Personengruppen untersucht wurde. Die empirische Befundlage dazu ist bis heute jedoch äußerst inkonsistent und bezieht sich fast ausschließlich auf die visuelle Modalität. So wurde der visuelle Negative Priming-Effekt in vielen Untersuchungen nur für jüngere, nicht aber für ältere Versuchsteilnehmer beobachtet (Hasher et al., 1991; Connelly & Hasher; 1993). Dem stehen Studien gegenüber, in denen keine altersbedingten Unterschiede im Ausmaß des visuellen Negativen Priming-Effekts gefunden werden konnten (Sullivan & Faust, 1993; Schooler et al., 1997). Verhaeghen & De Meersman (1998) veröffentlichten die erste Metaanalyse, in der insgesamt 21 Studien zur Untersuchung des Negativen Priming-Effekts im Alter evaluiert wurden. Die Autoren schlussfolgerten daraus, dass sowohl jüngere als auch ältere Erwachsene einen Negativen Priming-Effekt zeigen. Allerdings bestehen altersbedingte Unterschiede im Ausmaß des Effekts, denn ältere Erwachsene weisen im Vergleich zu jüngeren einen reduzierten Effekt auf. Eine aktualisierte Metaanalyse von Gamboz et al. (2002), bestehend aus 36 Studien, stellt allerdings einen Kontrast dazu dar. Denn diese ergab, dass der Negative Priming-Effekt im Alter nicht reduziert ist. Diese Schlussfolgerung entspricht dem aktuellen Kenntnisstand der Forschung und entkräftigt die generelle Annahme, dass im höheren Lebensalter ein Inhibitionsdefizit vorliegt, unter der Voraussetzung, dass der Negative Priming-Effekt tatsächlich durch Inhibition entsteht (Hasher & Zacks, 1988).

Um die Gültigkeit der Inhibitionsdefizit-Theorie des kognitiven Alterns (Hasher & Zacks, 1988) doch noch unter Beweis zu stellen, entwickelten Kane et al. (1997) einen dualen Ansatz, in dem die Idee der Inhibitionsdefizit-Theorie aufgegriffen und erweitert wurde. Demnach determiniert der experimentelle Kontext, welcher Mechanismus den Negativen Priming-Effekt bedingt. Entweder werden episodische Abrufprozesse für die Antwort-Generierung aktiviert, die auf einem gedächtnisbasierten, altersunabhängigen Mechanismus beruhen, oder inhibitorische Prozesse, deren Effizienz altersbedingt nachlässt. Sollte der experimentelle Kontext also so gestaltet sein, dass inhibitorische Prozessmechanismen involviert sind, dann erwartet der duale Ansatz ebenfalls einen reduzierten Negativen Priming-Effekt für ältere Versuchsteilnehmer. Die Forschungsaktivität hat in der Zwischenzeit jedoch gezeigt, dass die Grundannahme, dass Negatives Priming Inhibitionsprozesse abbildet, fraglich ist. So haben z.B. Gamboz et al. (2002) in ihrer Metaanalyse herausgestellt, dass sich vergleichbare Negative Priming-Effekte für ältere und jüngere Erwachsene auch in Aufgaben finden lassen, die nach dem Ansatz von Kane et al. (1997) inhibitorische Mechanismen involvieren. Der duale Ansatz wird ebenfalls durch den Befund von Mayr und Buchner (2010) in Frage gestellt. Denn dieser zeigt, dass verschiedene Proportionen an „Beachtetes wiederholt"-Durchgängen, welche nach Kane et al. (1997) episodische Abrufprozesse fördern, das Ausmaß des Negativen Priming-Effekts nicht beeinflussen. Diese gemischte Befundlage macht es unmöglich, zuverlässige Aussagen über den Negativen Priming-Effekt im Alter zu treffen. Deshalb wäre es sinnvoll, erst einmal zu klären, welchem Mechanismus der Negative Priming-Effekt tatsächlich zugrunde liegt, bevor irgendwelche Aussagen über alterskorrelierte Veränderungen getroffen werden können (Gamboz et al., 2002).

Die eben beschriebene Forschungsentwicklung zum Negativen Priming-Effekt im Altersvergleich geschah allerdings vor dem Hintergrund der visuellen Modalität. Denn im Gegensatz zur visuellen Modalität, wurde der auditive Negative Priming-

Effekt im Alter bislang nur in einer einzigen Studie (Buchner & Mayr, 2004) untersucht. Zwar hat die Forschung in den vergangenen Jahren zunehmend Kenntnis über
den zugrunde liegenden Mechanismus des auditiven Negativen Priming-Effekts
erlangt, die Untersuchung des auditiven Negativen Priming-Effekts im Alter wurde
aber stark vernachlässigt. Deshalb ist es notwendig und vermutlich auch aufschluss-
reich, die vorliegende Untersuchung dieser Fragestellung zu widmen.

Die empirische Befundlage zum auditiven Negativen Priming-Effekt im Alter stützt
sich bisher nur auf eine Studie von Buchner und Mayr (2004), in der keine altersbedingten Unterschiede im Ausmaß des Effekts gefunden wurden. Buchner und Mayr
(2004) führten zwei Experimente durch, die wie folgt aufgebaut waren: Ein experimenteller Durchgang beinhaltete eine Prime- und eine Probe-Präsentation. Die
Prime-Präsentation wurde durch einen kurzen „Klick" eingeleitet, welcher das Ohr
ankündigte, in dem der zu beachtende Prime-Zielreiz dargeboten werden würde.
Anschließend folgte die simultane Präsentation des Zielreizes und des zu ignorierenden Distraktors, wobei der Zielreiz in Form eines Tastendrucks so schnell und
akkurat wie möglich als Streich- oder Blasinstrument klassifiziert werden sollte.
Nach erfolgter Reaktion wurde ein zweiter „Klick" dargeboten, der die Probe-
Präsentation einleitete, wobei der Ablauf und die Aufgabenstellung identisch zur
Prime-Präsentation waren. Durch randomisiertes Vorgehen wurde für jeden Durchgang bestimmt, ob die beachteten Primes und Probes im selben oder in verschiedenen Ohren zu hören waren. Beide Untersuchungen haben sich darin unterschieden,
ob „Beachtetes wiederholt"-Durchgänge involviert waren (Experiment 1) oder nicht
(Experiment 2) und ob die Präsentationsseite manipuliert (Experiment 1) oder
konstant gehalten wurde (Experiment 2). Weitere Unterschiede bestanden darin,
dass im Vergleich zu Experiment 1 die Abfolge der Ereignisse in Experiment 2
langsamer war und die Trainingsphase länger andauerte, um die Aufgabe gerade für
ältere Teilnehmer einfacher zu gestalten. Die statistische Datenauswertung ergab für

Experiment 1 einen signifikanten Negativen Priming-Effekt für beide Altersgruppen, wobei sich das Ausmaß des Effekts nicht zwischen den Gruppen unterschied. Dieses Befundmuster konnte in Experiment 2 repliziert werden, obwohl keine „Beachtetes wiederholt"-Durchgänge involviert waren, wodurch man im Sinne von Kane et al. (1997) das Mitwirken von episodischen Abrufprozessen ausschließen wollte. Das Ausmaß des Negativen Priming-Effekts war sowohl losgelöst vom Alter, als auch davon, ob „Beachtetes wiederholt"-Durchgänge beinhaltet waren oder nicht. Dieser Befund konnte auch mit visuellem Stimulusmaterial repliziert werden (Gamboz et al., 2000; Schooler et al., 1997).

Das Ergebnis von Buchner und Mayr (2004) ist mit der Inhibitionsdefizit-Theorie des kognitiven Alterns von Hasher und Zacks (1988) unter der Bedingung, dass an der Entstehung von Negativem Priming inhibitorische Prozesse beteiligt sind, nicht zu vereinbaren. Auch stellt der Befund ein Problem für den dualen Ansatz von Kane et al. (1997) dar, da beide Theorien einen reduzierten Negativen Priming-Effekt für ältere Versuchsteilnehmer vorhergesagt hätten. Durch das Fehlen von „Beachtetes wiederholt"-Durchgängen hätten, gemäß dem dualen Ansatz, anstelle von episodischen Abrufprozessen, inhibitorische Mechanismen aktiviert werden sollen. Unter der Annahme, dass die Effizienz inhibitorischer Prozessmechanismen mit zunehmendem Lebensalter abnimmt, hätte der duale Ansatz somit eine noch stärkere Reduktion des Effekts für ältere Versuchsteilnehmer vorhergesagt, was jedoch nicht eingetreten ist.

Zusammenfassend kann festgehalten werden, dass nach aktuellem Kenntnisstand der Forschung, kein altersbedingter Unterschied im Ausmaß des visuellen Negativen Priming-Effekts besteht. Nur ein einziger Befund (Buchner & Mayr, 2004) deutet darauf hin, dass diese Schlussfolgerung auch für die auditive Modalität zutreffend ist. Dieses Befundmuster entkräftigt damit die generelle Annahme, dass bei älteren Erwachsenen ein Inhibitionsdefizit vorliegt. Diese Aussage ist allerdings nur unter der Annahme gültig, dass Inhibitionsmechanismen tatsächlich am Zustandekommen des Negativen Priming-Effekts beteiligt sind.

1.3 Hypothesen

Die vorliegende Studie dient der Replikation von Buchner und Mayr (2004). Erwartet wird, dass jede Altersgruppe einen signifikanten Negativen Priming-Effekt aufzeigt und dass es keinen altersbedingten Unterschied im Ausmaß des Effekts gibt.

Zusätzlich wird analysiert, welche Prozessmechanismen den Negativen Priming-Effekt bedingen und ob sich diese Mechanismen zwischen jüngeren und älteren Erwachsenen unterscheiden. Angenommen wird, dass episodische Abrufprozesse an der Produktion der Probe-Reaktion beteiligt sind, was darin zum Ausdruck kommen soll, dass die vorherige Prime-Antwort in Reaktion auf den Probe-Zielreiz ausgeführt wird. Dieser Prime-Reaktionsabruf, der als spezifischer Fehler bezeichnet wird, soll in „Ignoriertes wiederholt"-Durchgängen im Vergleich zu Kontrolldurchgängen unabhängig vom Alter überrepräsentiert sein (Mayr & Buchner, 2006). Um diese Annahme zu prüfen, wird eine multinomiale Analyse des spezifischen Fehlers durchgeführt. Sollte der Negative Priming-Effekt bei älteren Senioren, ebenso wie bei jüngeren Erwachsenen, durch episodische Abrufprozesse determiniert sein, dann wird auch für ältere Senioren eine Zunahme des spezifischen Fehlers in „Ignoriertes wiederholt"-Durchgängen erwartet. Falls dies tatsächlich der Fall ist, soll die vorliegende Untersuchung ebenfalls klären, ob dieser Effekt für jede Altersgruppe im selben Ausmaß eintritt.

2 Methode

2.1 Stichprobe

Insgesamt nahmen 171 Personen an der Untersuchung teil, wobei jeder Teilnehmer einer von drei Altersgruppen (18-30 Jahre vs. 60-67 Jahre vs. 68-80 Jahre) zugeordnet wurde. Fünf Teilnehmer konnten wegen technischer Fehler nicht für die statistische Datenauswertung berücksichtigt werden. Weitere 14 Versuchsteilnehmer scheiterten am Lernkriterium. Somit gingen 152 Teilnehmer in die statistische Auswertung ein, darunter 100 weibliche und 52 männliche Personen. 54 von ihnen waren junge Erwachsene (41 Frauen) im Alter zwischen 18 und 30 Jahren ($M = 24$, $SD = 3.06$), 51 Teilnehmer bildeten die Gruppe jüngerer Senioren (33 Frauen) zwischen 60 und 67 Jahren ($M = 63$, $SD = 2.15$) und die dritte Altersgruppe setzte sich aus älteren Senioren (26 Frauen) zwischen 68 und 80 Jahren ($M = 72$, $SD = 2.93$) zusammen. Nach Möglichkeit sollten folgende Kriterien erfüllt werden: normale Hörfähigkeit und gute Deutschkenntnisse. Zu den Ausschlusskriterien gehörten neben der Einnahme einiger Medikamente (Psychopharmaka, Morphium) auch folgende Krankheiten: Parkinson, Schlaganfall, Rheuma/Arthrose, Multiple Sklerose, Alkoholismus und Schädel-Hirn Trauma. Sechs Teilnehmer litten aber dennoch an mindestens einer der eben genannten Erkrankungen. Der Ausschluss dieser Teilnehmer aus der statistischen Datenauswertung änderte jedoch nichts an den Ergebnissen. Jeder Teilnehmer wurde individuell getestet und für die Teilnahme finanziell oder in Form von Versuchspersonenstunden entschädigt. Die Auswertung des „DemTect" ergab für fast alle Teilnehmer unauffällige, normgerechte Werte zwischen 13 und 18 Punkten. Lediglich ein Teilnehmer wies mit einem Punktwert von 12 leichte Anzeichen einer frühen Demenz auf. Die Ergebnisse änderten sich nicht, wenn dieser Teilnehmer aus dem Datensatz entfernt wurde.

2.2 Material

Vor Untersuchungsbeginn wurde der „DemTect" (Demenz-Detektion-Test) durchgeführt, der das Arbeits- und Kurzzeitgedächtnis überprüft und sich aus folgenden fünf Unteraufgaben zusammensetzt: Wörterliste wiederholen, Zahlen umwandeln, Wortflüssigkeitsaufgabe, Zahlenfolgen rückwärts wiederholen und erneutes Abfragen der Wörterliste. Zusätzlich bearbeiteten die Teilnehmer eine weitere Aufgabe, in der Zahlenfolgen vorwärts wiederholt werden sollten. Die Durchführung des „DemTect" hatte die Funktion auszuschließen, dass kognitive Beeinträchtigungen vorliegen, die auf frühe Demenzerscheinungen hinweisen (Kalbe et al., 2004).

Die Untersuchung erfolgte computergestützt an einem Apple iMac Computer. Die relevanten Stimuli waren vier digitalisierte Umweltgeräusche (Frosch, Klavier, Trommel, Klingel), die via Kopfhörer für jeweils 300 ms dargeboten wurden. Die Lautstärke konnte individuell reguliert werden. Junge Erwachsene stellten dabei eine mittlere Lautstärke von 77,6 db (A) ein. Bei jüngeren Senioren lag die mittlere eingestellte Lautstärke bei 80,6 db (A) und bei den älteren Senioren bei 81,5 db (A). Ein kurzer „Klick" von 20 ms deutete auf das Ohr (links vs. rechts) hin, in dem der zu beachtende Ton präsentiert werden würde. Die Versuchsteilnehmer reagierten auf den zu beachtenden Ton in Form eines Tastendrucks auf einer von vier vertikal angeordneten Tasten einer Reaktionstastatur. Um die Reaktion zu erleichtern, wurde jede Reaktionstaste mit einem farbigen Punkt in der Mitte gekennzeichnet (Frosch = grün; Klavier = schwarz; Trommel = blau; Klingel = rot). Dieselben Farben wurden auch in der Instruktion verwendet. Zusätzlich wurde neben jeder Reaktionstaste links und rechts ein Bild des jeweiligen Stimulus angebracht. Die Teilnehmer wurden instruiert, mit ihren Mittel- und Zeigefingern zu reagieren. Die Hälfte der Teilnehmer positionierte die rechten Mittel- und Zeigefinger auf den hinteren beiden Tasten und die linken Mittel- und Zeigefinger auf den vorderen beiden Tasten. Die andere

Hälfte legte die linken Mittel- und Zeigefinger auf die hinteren Tasten und die rechten Mittel- und Zeigefinger auf die vorderen Tasten.

Ein experimenteller Durchgang beinhaltete eine Prime- und eine Probe-Präsentation. Jede Präsentation bestand aus einem Zielreiz, der im zu beachtenden Ohr präsentiert wurde und einem Distraktor, der im zu ignorierenden Ohr dargeboten wurde. Außerdem konnten zwei Versuchsbedingungen unterschieden werden („Ignoriertes wiederholt"-Bedingung vs. Kontrollbedingung). Wie Tabelle 1 anschaulicht, war ein „Ignoriertes wiederholt"-Durchgang so konstruiert, dass drei der vier Stimuli in der Prime- und Probe-Präsentation als Zielreize und Distraktoren fungierten, wobei der Prime-Distraktor immer identisch zum Probe-Zielreiz war. Während der Kontroll-durchgänge gab es keine Wiederholung der Stimuli zwischen Prime und Probe.

	„Ignoriertes wiederholt"-Durchgang		Kontrolldurchgang		Füll-Durchgang	
	Beachteter Stimulus	Ignorierter Stimulus	Beachteter Stimulus	Ignorierter Stimulus	Beachteter Stimulus	Ignorierter Stimulus
	„Klick"		*„Klick"*		*„Klick"*	
Prime	Trommel	Klingel	Trommel	Frosch-	Klingel	Trommel
Probe	Klingel	Klavier	Klingel	Klavier	Klingel	Klavier

Tabelle 1: **Exemplarische Darstellung der drei Durchgangstypen.**

Sowohl die „Ignoriertes wiederholt"-Bedingung als auch die Kontrollbedingung waren zu je 25% repräsentiert. Um Strategie-Lernen auszuschließen, wurden in den verbleibenden 50% der Fälle Füll-Durchgänge integriert, in denen die Zielreize in der Prime- und Probe-Präsentation identisch waren. Die Präsentationsfolgen für diese drei Durchgangstypen waren randomisiert. Somit konnte die erforderliche Reaktion auf den Probe-Zielreiz nicht durch die vorherige Prime-Präsentation vorhergesagt werden.

Das experimentelle Stimulusset setzte sich wie folgt zusammen: 24 „Ignoriertes wiederholt"-Durchgänge, 24 Kontrolldurchgänge und 48 Füll-Durchgänge. Dies entspricht einer Gesamtanzahl von 96 Durchgängen, bestehend aus einer Prime- und einer Probe-Präsentation. Jeder dieser 96 Durchgänge wurde insgesamt zwei Mal dargeboten, wobei die Präsentationsseite des „Klicks" variiert wurde. Denn einmal war der „Klick" erst rechts und dann links zu hören und das andere Mal erst links und dann rechts. Somit ergab sich eine Gesamtanzahl von 192 Experimentaldurchgängen (96 × 2).

2.3 Prozedur

Die Untersuchung begann mit der Eingabe von folgenden persönlichen Informationen: Alter, Geschlecht, Händigkeit, Muttersprache, höchster Schulabschluss, Dauer der Ausbildungszeit, Gesundheitszustand, Lebenszufriedenheit. Zusätzlich sollte angegeben werden, welche Medikamente gegebenenfalls eingenommen werden und ob bestimmte Krankheiten vorliegen. Auch sollten die Teilnehmer ihre Hör- und Sehfähigkeit im Vergleich zu gleichaltrigen Personen einschätzen und angeben, ob sie eine Brille oder Kontaktlinsen tragen.

Nach Durchführung des „DemTect" wurden die Teilnehmer mit dem Stimulusmaterial vertraut gemacht. Dazu wurden Zeichnungen zu den Geräuschen (Frosch, Klavier, Trommel, Klingel) auf dem Computerbildschirm eingeblendet. Durch das Anklicken der Zeichnungen mit der Computermaus waren die korrespondierenden Töne, einschließlich dem „Klick", zu hören. Anschließend sollte die Lautstärke so eingestellt werden, dass die Stimuli laut und deutlich hörbar waren. Nachdem die Aufgabenstellung beispielhaft erläutert wurde, folgte eine Übung, bestehend aus 50 bis maximal 150 Übungsdurchgängen. Im Gegensatz zu den Experimentaldurchgängen handelte es sich hierbei nicht um Prime-Probe-Doppeldurchgänge, sondern um Einzelpräsentationen. Dabei wurde nach dem Randomisierungsprinzip ein „Klick" in dem Ohr dargeboten, das beachtet werden sollte. Nach einem Cue-Target-Intervall von 500 ms wurde ein randomisiert ausgewählter Zielreiz im zu beachtenden Ohr dargeboten und der zu ignorierende Distraktor simultan im anderen Ohr präsentiert. Die Aufgabe bestand darin, so schnell und akkurat wie möglich auf den Zielreiz in Form eines Tastendrucks auf der korrespondierenden Taste zu reagieren. Nach jeder Reaktion erhielten die Teilnehmer eine auditive Rückmeldung über die Korrektheit ihrer Reaktion. Zu Beginn der Übung waren die relevanten Stimuli in der linken Ecke des Computerbildschirms als Hilfestellung eingeblendet. Diese Hilfestellung verschwand jedoch nach den ersten 25 Durchgängen. Die Übung wurde dann beendet, wenn die Teilnehmer innerhalb der letzten 50 Durchgänge in 60% der Fälle richtig reagiert hatten. Wenn dieses Kriterium auch nach 150 Übungsdurchgängen nicht erreicht werden konnte, wurde das Experiment abgebrochen. Bevor die Experimentalphase einsetzte, wurde die Korrektheit der Reaktionen betont, jedoch sollten die Teilnehmer ebenfalls so schnell wie möglich reagieren.

In der Experimentalphase bestand das Stimulusset aus insgesamt 216 Durchgängen (192 Experimentaldurchgänge und 24 Trainingsdurchgänge). Aus den 192 Experimentaldurchgängen wurden per Zufall 24 Durchgänge gezogen, die vor den eigentlichen Experimentaldurchgängen als Trainingsdurchgänge präsentiert und somit nicht für die statistische Datenauswertung berücksichtigt wurden. Diese Trainingsdurchgänge waren erforderlich, um sich mit der höheren Aufgabenanforderung vertraut zu machen. Ein Experimentaldurchgang begann mit der Präsentation eines „Klick", der für 20 ms im zu beachtenden Ohr dargeboten wurde und die Prime-Präsentation einleitete. Nach einem Cue-Target-Intervall von 1000 ms folgte die simultane Darbietung des Zielreizes und Distraktors für insgesamt 300 ms. Nachdem die Prime-Reaktion erfolgt war, setzte nach einem Intervall von 1000 ms die Probe-Präsentation ein, beginnend mit dem zweiten „Klick". Auch der Probe-Zielreiz und der Probe-Distraktor wurden für eine Dauer von 300 ms simultan präsentiert. Wenn der erste „Klick" im linken Ohr zu hören war, dann wurde der zweite „Klick" im rechten Ohr präsentiert (umgekehrt galt dasselbe Prinzip). Damit wurde keine Merkmalsdiskrepanz erzeugt, da die beachteten Primes und Probes immer in verschiedenen Ohren dargeboten wurden. Sobald die Probe-Reaktion erfolgt war, wurde die Korrektheit der Prime- und Probe-Reaktion auditiv und visuell zurückgemeldet. Nach einem Inter-Trial-Intervall von 2000 ms setzte der nächste Durchgang ein. Reaktionen, die schneller als 100 ms waren und langsamer als 4000 ms, wurden als invalide bewertet. In solchen Fällen wurde eine entsprechende Warnung angezeigt.

Nach jedem zwölften Durchgang erfolgte eine Pause. Dabei wurden der Prozentsatz richtiger Reaktionen sowie die durchschnittliche Reaktionszeit, bezogen auf die vergangenen zwölf Durchgänge, zurückgemeldet. Jeder Teilnehmer konnte individuell bestimmen, wann die Pause beendet werden sollte. Am Ende des Experiments wurden alle Teilnehmer über die Intentionen der Untersuchung aufgeklärt.

2.4 Design

In der Untersuchung wurde ein 2 × 3 faktorielles gemischtes Design mit Messwiederholung auf einem Faktor verwendet. Als unabhängige Variable fungierte die quasi-experimentelle Altersvariable, die in drei Abstufungen (18-30 Jahre vs. 60-67 Jahre vs. 68-80 Jahre) vorlag. Die zweite unabhängige Variable war messwiederholt und repräsentierte die beiden Durchgangstypen („Ignoriertes wiederholt" vs. Kontrolle). Die abhängigen Variablen waren durch folgende Messgrößen definiert: Reaktionszeit, Fehlerhäufigkeit und die Häufigkeit des spezifischen Fehlers, der den Abruf der vorherigen Prime-Antwort in Reaktion auf den Probe-Zielreiz repräsentiert.

Für die Stichprobenumfangsplanung, die mithilfe des Programms G*Power durchgeführt wurde (Faul et al., 2007), wurde eine Interaktion der Faktoren Durchgangstyp und Alter unterstellt. Unter der Annahme, dass $\alpha = \beta = .05$ und die Stufen der messwiederholten Variablen mit $\varrho = .8$ korreliert sind, war ein Stichprobenumfang von $N = 159$ Teilnehmer erforderlich, um einen Effekt der Größe $f = 0.1$ aufdecken zu können. Tatsächlich belief sich der Stichprobenumfang auf $N = 152$ Teilnehmer. Allerdings konnte die Post-hoc-Teststärke aufgrund der unterschiedlichen Gruppen-Größen nicht exakt berechnet werden. Das Signifikanzniveau wurde auf $\alpha = .05$ festgelegt. Als Effektstärkemaße werden das partielle η^2 und für Post-hoc-Vergleiche d und d_z berichtet.

Zur statistischen Auswertung messwiederholter Daten wurde ein multivariater Ansatz verwendet (2 × 3 MANOVA). Allerdings wurde nicht überprüft, ob die Voraussetzungen (z.B. Varianzhomogenität) für die Durchführung einer MANOVA überhaupt erfüllt sind, da es an alternativen statistischen Auswertungsmethoden bei Verletzung dieser Voraussetzungen mangelt. Zusätzlich wurden t-Tests herangezogen, um Post-hoc-Vergleiche durchzuführen.

3 Ergebnisse

Für die statistische Datenanalyse wurden nur die Probe-Reaktionszeiten berücksichtigt, die korrekten Prime-Reaktionen folgten. Die durchschnittlichen Reaktionszeiten als Funktion beider Durchgangstypen („Ignoriertes wiederholt" vs. Kontrolle) sind für alle drei Altersgruppen in Abbildung 2 dargestellt. Jede Altersgruppe zeigte in „Ignoriertes wiederholt"-Durchgängen im Vergleich zu Kontrolldurchgängen verlangsamte Probe-Reaktionen. Darüber hinaus reagierten junge Erwachsene deutlich schneller als die beiden Senioren-Gruppen, wobei die Probe-Reaktionszeiten der älteren Senioren im Vergleich zu den jüngeren Senioren im Durchschnitt höher ausfielen.

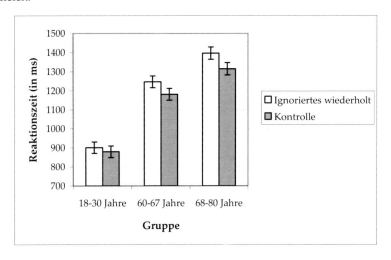

Abbildung 2: **Dargestellt sind die durchschnittlichen Reaktionszeiten für die drei Altersgruppen in Abhängigkeit vom Durchgangstyp. Die Fehlerbalken stellen die Standardfehler dar.**

Eine 2 × 3 MANOVA mit Messwiederholung auf dem Faktor Durchgangstyp („Ignoriertes wiederholt" vs. Kontrolle) und dem quasi-experimentellen Faktor Gruppe und der abhängigen Variable Reaktionszeit zeigte einen signifikanten Haupteffekt des Faktors Durchgangstyp, $F(1,149) = 57.10$, $p < .01$, $\eta^2 = .28$. Darüber hinaus konnte neben einem signifikanten Haupteffekt des Faktors Gruppe, $F(2,149) = 62.55$, $p < .01$,

$\eta^2 = .46$, auch ein signifikanter Interaktionseffekt festgestellt werden, $F(2,149) = 5.82$, p < .01, $\eta^2 = .07$. Post-hoc Analysen ergaben, dass für jede Altersgruppe ein signifikanter Negativer Priming-Effekt vorlag mit $t(53) = 2.22$, $p = .03$, $d_z = 0.30$ für die jungen Erwachsenen, $t(50) = 4.53$, $p < .01$, $d_z = 0.63$ für die jüngeren Senioren und $t(46) = 5.71$, $p < .01$, $d_z = 0.83$ für die älteren Senioren.

Um herauszufinden, ob ein altersbedingter Unterschied im Ausmaß des Negativen Priming-Effekts aufgrund einer generellen Reaktionszeitverlangsamung bei Senioren vorliegt, wurde der proportionale Anstieg der Reaktionszeit in der „Ignoriertes wiederholt"-Bedingung im Vergleich zur Kontrollbedingung berechnet. Dazu wurde die Reaktionszeit-Differenz zwischen der „Ignoriertes wiederholt"-Bedingung und der Kontrollbedingung ermittelt und der daraus resultierende Wert an der Reaktionszeit in der Kontrollbedingung relativiert:

Proportionaler Negativer Priming-Effekt: $\dfrac{RT_{(IW)} - RT_{(K)}}{RT_{(K)}}$

Dieses proportionale Maß des Negativen Priming-Effekts zeigte Unterschiede zwischen den Gruppen auf. So ergaben sich signifikant höhere durchschnittliche Verlangsamungswerte für die Senioren mit $M = 0.07$ für die ältere Senioren-Gruppe und $M = 0.06$ für die jüngere Senioren-Gruppe. Im Vergleich dazu lag der durchschnittliche Verlangsamungswert in der jungen Gruppe bei $M = 0.03$. Dieses Ergebnismuster deutet darauf hin, dass die Senioren tatsächlich eine überproportionale Reaktionszeitverlangsamung in „Ignoriertes wiederholt"-Durchgängen aufwiesen, $F(2,149) = 3.26$, $p = .04$, $\eta^2 = .04$. Zudem wurden orthogonale Kontrast-Tests berechnet, um zu prüfen, welche Gruppen sich hinsichtlich der proportionalen Reaktionszeitverlangsamung unterschieden. Dabei zeigte sich ein signifikanter Unterschied zwischen der jungen Gruppe und den beiden Senioren-Gruppen, $t(149) = -2.52$, $p = .01$, $\eta^2 = .04$. Jedoch konnte kein signifikanter Unterschied zwischen der jüngeren und der älteren Senioren-Gruppe festgestellt werden, $t(149) = -0.45$, $p = 0.65$, $\eta^2 < .01$.

Für die statistische Auswertung der Fehlerhäufigkeiten wurden nur die fehlerhaften Probe-Reaktionen berücksichtigt, die korrekten Prime-Reaktionen folgten. Wie in Abbildung 3 ersichtlich wird, waren die Fehlerhäufigkeiten in „Ignoriertes wieder-holt"-Durchgängen im Vergleich zu Kontrolldurchgängen höher. Dies galt für alle drei Altersgruppen. Außerdem haben junge Erwachsene insgesamt deutlich weniger fehlerhafte Reaktionen gezeigt als die beiden Senioren-Gruppen.

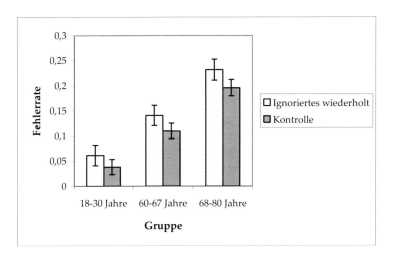

Abbildung 3: **Dargestellt sind die Fehlerraten als Funktion des Durchgangstyps für alle drei Altersgruppen. Die Fehlerbalken stellen die Standardfehler dar.**

Eine 2 × 3 MANOVA mit dem messwiederholten Faktor Durchgangstyp und der Fehlerhäufigkeit als abhängige Variable zeigte einen signifikanten Haupteffekt des Faktors Durchgangstyp, $F(1,149) = 24.40$, $p < .01$, $\eta^2 = .14$. Außerdem konnte ein signifikanter Haupteffekt des Faktors Gruppe festgestellt werden, $F(2,149) = 22.25$, $p < .01$, $\eta^2 = .23$. Allerdings war die Interaktion zwischen diesen beiden Faktoren nicht signifikant, $F(2,149) = 0.41$, $p = .07$, $\eta^2 = .01$. T-Tests deckten einen signifikanten Effekt der Fehlerhäufigkeit in Abhängigkeit vom Durchgangstyp für jede Altersgruppe auf mit $t(53) = 3.08$, $p < .01$, $d_z = 0.42$ für die junge Gruppe, $t(50) = 2.59$, $p = .01$, $d_z = 0.36$ für die jüngere Senioren-Gruppe und $t(46) = 3.05$, $p < .01$, $d_z = 0.44$ für die ältere Senioren-Gruppe.

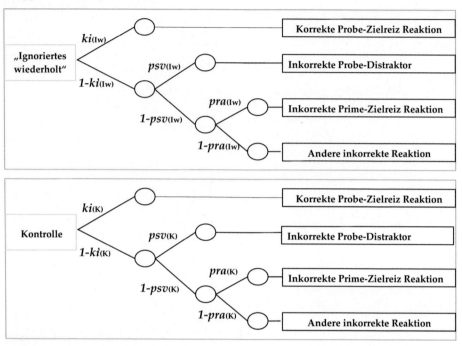

Abbildung 4: **Dargestellt ist das multinomiale Modell nach Mayr und Buchner (2006) für die „Ignoriertes wiederholt"-Bedingung (Iw) und die Kontrollbedingung (K). Das multinomiale Modell wird genutzt, um Reaktionen in den Probe-Durchgängen zu analysieren: *ki* = korrekte Identifikation, *psv* = Probe-Stimulus Verwechslung, *pra* = Prime-Reaktionsabruf.**

Das multinomiale Modell nach Mayr und Buchner (2006) wurde herangezogen, um Parameterschätzer für die Verarbeitungsstufen zu identifizieren, die bei der Generierung der Probe-Antwort involviert sein sollen. Wie in Abbildung 4 veranschaulicht wird, beinhaltet das Modell zwei Verarbeitungsbäume, die die beiden Durchgangstypen repräsentieren. Der Parameter *ki* spiegelt dabei die Wahrscheinlichkeit wider eine korrekte Reaktion auf den Probe-Zielreiz auszuführen. Mit einer Wahrscheinlichkeit von 1 - *ki* werden Zielreiz und Distraktor im Probe-Durchgang verwechselt, so dass eine fehlerhafte Reaktion eintritt. Mit der bedingten Wahrscheinlichkeit *psv* wird eine inkorrekte Reaktion auf den Probe-Distraktor ausgeführt. Wenn eine Verwechslung der Probe-Stimuli die Reaktion nicht dominiert (1 - *psv*), dann wird mit einer Wahrscheinlichkeit von *pra* die vorherige Prime-Antwort als Reaktion auf den Probe-Zielreiz abgerufen. Die Produktion einer anderen inkorrekten Antwort wird durch die Wahrscheinlichkeit 1 – *pra* repräsentiert (Mayr & Buchner, 2006).

Für die vorliegende Studie sind ausschließlich die Parameter *pra*(Iw) und *pra*(K) relevant, die angeben, wie hoch die Wahrscheinlichkeit ist, die vorherige Prime-Antwort als Reaktion auf den Probe-Zielreiz in beiden Versuchsbedingungen abzurufen und damit zu reagieren. Diese Reaktionsweise wird als spezifischer Fehler bezeichnet. Das multinomiale Modell hat genauso viele unabhängige Antwort-Kategorien wie identifizierbare Parameter, so dass Parameterwahrscheinlichkeiten geschätzt werden, die die beobachteten Häufigkeiten perfekt erklären können. Die geschätzten Parameterwahrscheinlichkeiten sind für jede Altersgruppe in Abbildung 5 dargestellt.

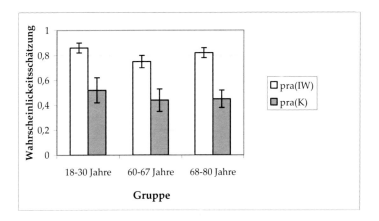

Abbildung 5: Dargestellt sind die Wahrscheinlichkeitsschätzungen für den *pra* Parameter des multinomialen Modells nach Mayr und Buchner (2006, siehe Abbildung 5) in Abhängigkeit vomDurchgangstyp. (Iw) steht für die „Ignoriertes wiederholt"-Bedingung, (K) steht für die Kontrollbedingung. Die Fehlerbalken stellen die Standardfehler dar.

Um die beiden Erklärungsansätze (Abruf des „Reagiere Nicht"-Attributs vs. Prime-Reaktionsabruf) des episodischen Abrufmodells gegeneinander zu testen, wurde geprüft, ob das Modell mit den beobachteten Häufigkeiten noch vereinbar ist, wenn folgende Restriktion für alle drei Altersgruppen unterstellt wird: $pra_{(IW)} = pra_{(K)}$. Dies impliziert, dass es in beiden Bedingungen gleichermaßen wahrscheinlich ist, mit dem spezifischen Fehler zu reagieren. Für die junge Gruppe musste die Annahme, dass $pra_{(IW)} = pra_{(K)}$ ist, verworfen werden, da das Modell unter dieser Restriktion nicht zu den beobachteten Häufigkeiten passte, $G^2(1) = 10.10$, $p < .01$, $\omega = .05$. Auch ließ sich in der jüngeren Senioren-Gruppe die Restriktion, dass $pra_{(IW)} = pra_{(K)}$ ist, nicht mit den empirischen Daten vereinbaren, $G^2(1) = 9.50$, $p < .01$, $\omega = .05$. Dasselbe galt auch für die ältere Senioren-Gruppe mit $G^2(1) = 20.48$, $p < .01$, $\omega = .07$. Dieses Ergebnismuster zeigt, dass die Wahrscheinlichkeit mit dem spezifischen Fehler zu reagieren in beiden Versuchsbedingungen signifikant verschieden war. Wie Abbildung 6 verdeutlicht, war es in der „Ignoriertes wiederholt"-Bedingung im Vergleich zur Kontrollbedingung deutlich wahrscheinlicher, den spezifischen Fehler in Reaktion auf den Probe-Zielreiz auszuführen, was für das Modell des Abrufs der Prime-Reaktion spricht.

Zusätzlich wurde geprüft, ob das Modell auch dann noch zu den beobachteten Häufigkeiten passte, wenn man annahm, dass die Wahrscheinlichkeitsschätzer für alle drei Altersgruppen identisch waren ($pra_{(Iw)}$ für alle drei Altersgruppen gleich; $pra_{(K)}$ für alle drei Altersgruppen gleich). Es stellte sich heraus, dass das Modell unter dieser Restriktion mit dem beobachteten Datensatz vereinbar war, $G^2(4) = 3.33$, $p = .50$, $\omega = .02$.

4 Diskussion

In der vorliegenden Studie wurde ein auditives Negatives Priming Paradigma verwendet, um den Negativen Priming-Effekt im Altersvergleich zu untersuchen. Das Hauptziel bestand darin, den Befund von Buchner und Mayr (2004) zu replizieren und damit aufzuzeigen, dass sich der auditive Negative Priming-Effekt unabhängig vom Alter einstellt und es keinen altersbedingten Unterschied im Ausmaß des Effekts gibt. In den vergangenen Jahren haben Forscher zwar zunehmend Kenntnis darüber erlangt, welcher Mechanismus den auditiven Negativen Priming-Effekt bedingt, die Forschungsaktivität zur Untersuchung des auditiven Negativen Priming-Effekts im Altersvergleich ist bislang jedoch stark vernachlässigt worden. Lediglich der Befund von Buchner und Mayr (2004) weist bisher darauf hin, dass der Effekt im Alter nicht reduziert ist. Aus diesem Grund erschien es notwendig, die vorliegende Untersuchung vornehmlich der Fragestellung zu widmen, ob sich das Ausmaß des auditiven Negativen Priming-Effekts altersbedingt unterscheidet. Zusätzlich wurde analysiert, welche Prozesse an der Produktion der Probe-Antwort beteiligt sind und ob sich diese Prozesse bei jüngeren und älteren Erwachsenen unterscheiden. Um zu prüfen, ob episodische Abrufprozesse an der Generierung der Probe-Reaktion beteiligt sind und somit den auditiven Negativen Priming-Effekt bedingen, wurde eine multinomiale Analyse des spezifischen Fehlers durchgeführt. Erwartet wurde, dass der spezifische Fehler unabhängig vom Alter in der „Ignoriertes wiederholt"-Bedingung im Vergleich zur Kontrollbedingung überrepräsentiert ist und dass sich das Ausmaß des Effekts nicht zwischen den Gruppen unterscheidet.

Das resultierende Befundmuster fiel recht überraschend aus und deckte sich nur teilweise mit den Vorhersagen. Wie erwartet, hat sich für alle drei Altersgruppen ein signifikanter Negativer Priming-Effekt eingestellt: In jeder Altersgruppe konnte eine deutliche Reaktionszeitverlangsamung in „Ignoriertes wiederholt"-Durchgängen im Vergleich zu Kontrolldurchgängen beobachtet werden. Zusätzlich zeigte die junge

Altersgruppe im Vergleich zu den beiden Senioren-Gruppen deutlich schnellere und weniger fehlerhafte Probe-Reaktionen. Neben der initialen Reaktionszeit-Analyse, ergab auch die proportionale Analyse, dass beide Senioren-Gruppen über die altersbedingte kognitive Leistungsbeeinträchtigung hinaus, eine überproportionale Reaktionszeitverlangsamung in „Ignoriertes wiederholt"-Durchgängen aufwiesen.

Die Tatsache, dass der Negative Priming-Effekt in allen Altersgruppen aufgetreten ist, deutet darauf hin, dass der Mechanismus, der den Effekt bedingt, selbst bei älteren Erwachsenen funktionstüchtig ist. Allerdings war das Ausmaß des Effekts zwischen den Gruppen unterschiedlich, denn beide Senioren-Gruppen zeigten im Vergleich zur jungen Altersgruppe einen signifikant größeren Negativen Priming-Effekt, wobei sich bei den älteren Senioren der verhältnismäßig größte Effekt einstellte. Damit konnte der Befund von Buchner und Mayr (2004) nur insofern repliziert werden, als dass der Negative Priming-Effekt in beiden Senioren-Gruppen nicht reduziert war. An dieser Stelle kann argumentiert werden, dass beide Befunde deshalb nicht konsistent sind, weil sich die Aufgabenschwierigkeit unterschieden hat. So haben Buchner und Mayr (2004) eine Kategorisierungsaufgabe verwendet, in der insgesamt zwei Reaktionstasten betätigt werden konnten, während die Teilnehmer in der gegenwärtigen Untersuchung eine Identifikationsaufgabe mit insgesamt 4 Reaktionstasten bearbeiteten. Womöglich fühlten sich insbesondere die älteren Senioren durch die Aufgabenanforderung überfordert. Für diese Interpretation spricht nämlich die Tatsache, dass beide Senioren-Gruppen viel häufiger Fehler gemacht und deutlich langsamer reagiert haben im Vergleich zu den Senioren, die an der Untersuchung von Buchner und Mayr (2004) teilgenommen haben.

Das vorliegende Ergebnis ist mit den gängigen Erklärungsansätzen kaum zu vereinbaren. So kann das Merkmalsdiskrepanzmodell (Park & Kanwisher, 1994) sofort ausgeschlossen werden, da keine Merkmalsdiskrepanz erzeugt wurde, welche den Negativen Priming-Effekt hätte auslösen können. Auch die Distraktorinhibitionstheorie (Tipper, 1985) kann keine plausible Erklärung für das Ergebnis liefern. Schließ-lich hätte diese ein entgegengesetztes Befundmuster erwartet. Denn ein größerer Negativer Priming-Effekt impliziert, dass eine besonders wirkungsvolle Inhibition stattgefunden hat. Allerdings gibt es keinen nennenswerten Grund dafür, warum ältere Erwachsene bessere Inhibitionsmechanismen aufweisen sollten. Der Befund stellt ebenfalls ein Problem für das episodische Abrufmodell (Neill & Valdes, 1992) dar, denn ein größerer Negativer Priming-Effekt in beiden Senioren-Gruppen bedeutet, dem Modell zu Folge, dass sich die Senioren im Vergleich zu den jungen Erwachsenen besser erinnert haben müssen. Es lässt sich jedoch keine überzeugende Erklärung dafür finden, warum ausgerechnet ältere Erwachsene bessere Erinne-rungsmechanismen aufweisen sollten. Im Rahmen des episodischen Gedächtnismo-dells wird für ältere Erwachsene vorhergesagt, dass diese darin beeinträchtigt sind, Erinnerungsepisoden korrekt abzurufen. Stattdessen ist die Erinnerungsleistung eher vage und „verschwommen", so dass Ältere Schwierigkeiten haben, Informationen korrekt einzuordnen. Der Probe-Zielreiz erscheint womöglich vertraut, jedoch sind sich die Betroffenen unsicher darüber, ob dieser Reiz überhaupt im Durchgang zuvor präsentiert wurde und wenn ja, ob es sich dabei um den Distraktor oder den Zielreiz gehandelt hat. Einer ähnlichen Idee liegt auch das Diskriminationsmodell von Milliken et al. (1998) zugrunde, das den Negativen Priming-Effekt auf eine Ambigui-tät im Hinblick auf die Alt/Neu-Kategorisierung zurückführt. Tatsächlich deutet der gegenwärtige Befund am ehesten darauf hin, dass ältere Versuchsteilnehmer deshalb verzögerte Reaktionszeiten aufweisen und mehr Fehler machen, weil sie eine stärke-re Tendenz dazu haben, eine Unsicherheitsreaktion zu zeigen, wenn sich der Prime-Distraktor als Probe-Zielreiz wiederholt.

Eine weitere Erklärungsmöglichkeit besteht darin, das Ergebnis auf einen methodi-schen Fehler zurückzuführen. Schließlich liegt die Wahrscheinlichkeit für einen α-Fehler bei immerhin 5%. Jedoch ist diese Argumentation nicht besonders überzeugend, da beide Senioren-Gruppen im Vergleich zur jungen Altersgruppe einen signifikant größeren Negativen Priming-Effekt aufwiesen, was bedeuten würde, dass der signifikante Vergleich zwischen der jungen Altersgruppe und den beiden Senioren-Gruppen in beiden Fällen auf einem α-Fehler beruht. Diese Möglichkeit ist allerdings recht unwahrscheinlich.

Des Weiteren konnte in der vorliegenden Untersuchung der Befund von Mayr und Buchner (2006) repliziert werden. Denn die multinomiale Analyse des spezifischen Fehlers ergab, dass der spezifische Fehler in allen drei Altersgruppen in der „Ignoriertes wiederholt"-Bedingung überrepräsentiert war, was dafür spricht, dass der Negative Priming-Effekt altersunabhängigen, episodischen Abrufprozessen zugrunde liegt. Zudem gab es keinen signifikanten Unterschied zwischen den Gruppen im Hinblick auf die Wahrscheinlichkeit in beiden Versuchsbedingungen mit dem spezifischen Fehler zu reagieren. Das bedeutet, dass sich das Ausmaß des Effekts nicht zwischen den Altersgruppen unterschied. Somit bekräftigt dieses Ergebnismuster den alternativen Erklärungsansatz im Rahmen des episodischen Abrufmodells, welcher vorhersagt, dass episodische Abrufprozesse unabhängig vom Alter bei der Probe-Reaktion involviert sind und den Negativen Priming-Effekt bedingen. Doch möglich ist ebenfalls, dass episodische Abrufprozesse nur deshalb involviert waren, weil „Beachtetes wiederholt"-Durchgänge zu insgesamt 50% repräsentiert waren. Dieses Argument kann jedoch sofort entkräftigt werden, da in einer Untersuchung von Mayr und Buchner (2010, Experiment 1) aufgezeigt werden konnte, dass verschiedene Proportionen (0%, 25% und 50%) an „Beachtetes wiederholt"-Durchgängen keinen Einfluss auf das Ausmaß des Negativen Priming-Effekts ausüben.

In Zukunft sind weitere Studien zur Untersuchung des auditiven Negativen Priming-Effekts im Altersvergleich erforderlich, um nicht zuletzt die generellen Annahmen, dass der Negative Priming-Effekt Inhibitionsmechanismen unterliegt und dass die Funktionstüchtigkeit inhibitorischer Aufmerksamkeitsmechanismen mit zunehmendem Alter nachlässt, endgültig zu entkräftigen. Zudem sollte in künftigen Studien das multinomiale Modell verstärkt herangezogen werden, um ein besseres und umfassenderes Verständnis über das Zustandekommen des Negativen Priming-Effekts zu gewinnen. Denn bis heute lässt sich nicht eindeutig klären, welcher Faktor mit der Probe-Reaktion interferiert und damit den Negativen Priming-Effekt bedingt. Fest steht nur, dass es zahlreiche Befunde gibt, die nicht allein durch den Abruf der vorherigen Prime-Reaktion erklärt werden können, sondern weitere gedächtnisbasierte Mechanismen angenommen werden müssen. Für den weiteren Forschungsverlauf erscheint es daher am sinnvollsten, erst einmal endgültig abzuklären, welchem Mechanismus der Negative Priming-Effekt tatsächlich zugrunde liegt. Erst, wenn dieser Aspekt geklärt ist, lassen sich zuverlässige Aussagen über alterskorrelierte Veränderungen treffen.

5 Literaturverzeichnis

Banks, W. P., Roberts, D., & Ciranni, M. (1995). Negative priming in auditory attention. *Journal of Experimental Psychology: Human Perception and Performance, 21*, 1354-1361.

Bell, R., Buchner, A., & Mund, I. (2008). Age-related differences in irrelevant-speech effects. *Psychology and Aging, 23*, 377-391.

Buchner, A., & Steffens, M. C. (2001). Auditory negative priming in speeded reactions and temporal order judgements. *Quarterly Journal of Experimental Psychology: Human Experimental Psychology, 54A*, 1125-1142.

Buchner, A., & Mayr, S. (2004). Auditory negative priming in younger and older adults. *Quarterly Journal of Experimental Psychology: Human Experimental Psychology, 57A*, 769-787.

Cherry, E. C. (1953). Some experiments on the recognition of speech, with one and two ears. *Journal of the Acoustic Society of America, 25*, 975-979.

Connelly, S. L., & Hasher, L. (1993). Aging and the inhibition of spatial location. *Journal of Experimental Psychology: Human Perception and Performance, 19*, 1238-1250.

Faul, F., Erdfelder, E., Lang, A.-G., & Buchner, A. (2007). G*Power 3: A flexible statistical power analysis program for the social, behavioral, and biomedical sciences. *Behavior Research Methods, 39 (2)*, 175-191.

Fox, E. (1994). Interference and negative priming from ignored distractors: The role of selection difficulty, *Perception & Psychophysics, 56,* 565-574.

Fox, E. (1995). Negative priming from ignored distractors in visual selection: A review. *Psychonomic Bulletin & Review, 2,* 145-173.

Gamboz, N., Russo, R., & Fox, E. (2000). Target selection difficulty, negative priming, and aging. *Psychology and Aging, 15,* 542-550.

Gamboz, N., Russo, R., & Fox, E. (2002). Age differences and the identity negative priming effect: An updated metaanalysis. *Psychology and Aging, 17,* 525-530.

Guerreiro, M. J. S., Murphy, D. R., & Van Gerven, P. W .M. (2010). The role of sensory modality in age-related distraction: a critical review and a renewed view. *Psychonomic Bulletin, 136,* 975-1022.

Hasher, L., & Zacks, R. T. (1988). Working memory, comprehension, and aging: A review and a new view. *The psychology of learning and motivation: Advances in research and theory, 22,* 193-225.

Hasher, L., Stoltzfus, E. R., Zacks, R. T., & Rypma, B. (1991). Age and inhibition. *Journal of Experimental Psychology: Learning, Memory, and Cognition, 17,* 163-169.

Hasher, L., Zacks, R. T., & May, C. P. (1999). Inhibitory control, circadian arousal, and age. *Attention & performance XVII: Cognitive regulation of performance: Interaction of theory and application,* 653-675.

Healy, D., & Burt, J. S. (2003). Attending to the distractor and old/new discriminations in negative priming. *Quarterly Journal of Experimental Psychology: Human Experimental Psychology, 56A,* 421-443.

Kalbe, E., Kessler, J., Calabrese, P., Smith, R., Passmore, A. P., Brand, M. & R., Bullock, R. (2004). DemTect: a new, sensitive cognitive screening test to support the diagnosis of mild cognitive impairment and early dementia. *International Journal of Geriatric Psychiatry, 19,* 136-143.

Kane, M. J., May, C. P., Hasher, L., & Rahhal, T. (1997). Dual mechanisms of negative priming. *Journal of Experimental Psychology: Human Perception and Performance, 23,* 632-650.

Logan, G. D. (1988). Toward an instance theory of automatization. *Psychological Review, 95,* 492-527.

May, C. P., Kane, M. J., & Hasher, L. (1995). Determinants of negative priming. *Psychological Bulletin, 118,* 35-54.

Mayr, S., & Buchner, A. (2006). Evidence for episodic retrieval of inadequate prime responses in auditory negative priming. *Journal of Experimental Psychology: Human Perception and Performance, 32,* 932-943.

Mayr, S., & Buchner, A. (2010). Episodic retrieval processes take place automatically in auditory negative priming. *European Journal of Cognitive Psychology, 22,* 1192-1221.

Milliken, B., Joordens, S., Merikle, P. M., & Seiffert, A. E. (1998). Selective attention: A reevaluation of the implications of negative priming. *Psychological Review, 105,* 203-229.

Mondor, T. A., Leboe, J. P., & Leboe, L. C. (2005). The role of selection in generating auditory negative priming. *Psychonomic Bulletin & Review, 12,* 289-294.

Mund, I., Bell, R., & Buchner, A. (2010). Age differences in reading with distraction: sensory or inhibitory deficits? *Psychology and Aging, 25,* 886-897.

Neill, W. T., Valdes, L. A., Terry, K. M., & Gorfein, D. S. (1992). Persistence of negative priming: II. Evidence for episodic trace retrieval. *Journal of Experimental Psychology: Learning, Memory, and Cognition, 18,* 993-1000.

Park, J., & Kanwisher, N. (1994). Negative priming for spatial locations: Identity mismatching, not distractor inhibition. *Journal of Experimental Psychology: Human Perception and Performance, 20,* 613-623.

Rothermund, K., Wentura, D., & De Houwer, J. (2005). Retrieval of incidental stimulus-response associations as a source of negative priming. *Journal of Experimental Psychology: Learning, Memory, and Cognition, 31,* 482-495.

Schooler, C., Neumann, E., Caplan, L. J., & Roberts, B. R. (1997). Continued inhibitory capacity throughout adulthood: Conceptual negative priming in younger and older adults. *Psychology and Aging, 12,* 667- 674.

Salthouse, T. A. (1996). General and specific speed mediation of adult age differences in memory. *Journals of Gerontology: Series B: Psychological Sciences and Social Sciences, 51,* 30-42.

Sullivan, M. P., & Faust, M. E. (1993). Evidence for identity inhibition during selective attention in old adults. *Psychology and Aging, 8,* 589-598.

Tipper, S. P. (1985). The negative priming effect: Inhibitory priming by ignored objects. *Quarterly Journal of Experimental Psychology: Human Experimental Psychology, 37A,* 571-590.

Verhaeghen, P., & De Meersman, L. (1998). Aging and negative priming: A meta-analysis. *Psychology and Aging, 13,* 435-444.

West, R. L. (1996). An application of prefrontal cortex function theory to cognitive aging. *Psychological Bulletin, 120,* 272-292.

Yee, P. L. (1991). Semantic inhibition of ignored words during a figure classification task. *Quarterly Journal of Experimental Psychology: Human Experimental Psychology, 43A,* 127-153.